BEI GRIN MACHT SICH IHR WISSEN BEZAHLT

- Wir veröffentlichen Ihre Hausarbeit, Bachelor- und Masterarbeit

- Ihr eigenes eBook und Buch - weltweit in allen wichtigen Shops

- Verdienen Sie an jedem Verkauf

Jetzt bei www.GRIN.com hochladen und kostenlos publizieren

Psychologische Begutachtung

Liegt bei Frau Müller eine Berufsunfähigkeit vor und inwieweit kann ihre Leistungsfähigkeit kurz-, mittel- oder langfristig wiederhergestellt werden?

Katja Bartels

Bibliografische Information der Deutschen Nationalbibliothek:

Die Deutsche Nationalbibliothek verzeichnet diese Publikation in der Deutschen Nationalbibliografie; detaillierte bibliografische Daten sind im Internet über http://dnb.d-nb.de abrufbar.

ISBN: 9783389036686
Dieses Buch ist auch als E-Book erhältlich.

Druck und Bindung: Books on Demand GmbH, Norderstedt Germany
Gedruckt auf säurefreiem Papier aus verantwortungsvollen Quellen

Das vorliegende Werk wurde sorgfältig erarbeitet. Dennoch übernehmen Autoren und Verlag für die Richtigkeit von Angaben, Hinweisen, Links und Ratschlägen sowie eventuelle Druckfehler keine Haftung.

Das Buch bei GRIN: https://www.grin.com/document/1484273

IU Internationale Hochschule

Master of Science Psychologie

Psychologische Begutachtung

Zu folgender Fragestellung: Liegt bei Frau A. Müller eine Berufsunfähigkeit vor und inwieweit kann ihre Leistungsfähigkeit kurz-, mittel- oder langfristig wiederhergestellt werden?

Studentische Gutachterin:

Name: Katja Bartels

Abgabedatum: 11.04.2024

Inhaltsverzeichnis

1 Bisheriger Sachverhalt

Die vorliegende klinisch-psychologische Begutachtung wurde am 12. Oktober 2023, ab 11:15 Uhr durchgeführt und dauerte insgesamt drei Stunden. Dieses Gutachten wurde im Auftrag der XY AG erstellt, um die Frage zu beantworten, ob Frau A. Müller berufsunfähig ist und inwieweit ihre berufliche Leistungsfähigkeit kurz-, mittel- oder langfristig wiederhergestellt werden kann. Frau A. Müller, die Probandin, ist 35 Jahre alt und verheiratet. Sie verfügt über mehr als 10 Jahre Berufserfahrung als Wirtschaftsprüferin und ist sowohl körperlich als auch psychisch erkrankt. Vor mehr als einem Jahr erhielt sie die Diagnose einer akuten Leukämie und befindet sich seitdem in Behandlung. Die Behandlungen gegen die Krebserkrankung haben bisher gut angeschlagen. Aus dem Vorbericht vom 13. September 2023 geht hervor, dass Frau A. Müller zudem unter einer depressiven Symptomatik leidet aber bisher keine psychotherapeutischen Interventionen zur Behandlung durchgeführt wurden. Das Gutachten wurde angefordert, nachdem Frau A. Müller längere Zeit, krankgeschrieben war. In den letzten 12 Monaten war sie mit Unterbrechungen, in denen sie gearbeitet hat, insgesamt 7 Monate krankgeschrieben.

Das Gutachten zielt darauf ab festzustellen, ob Frau A. Müller aufgrund ihrer psychischen Beschwerden berufsunfähig ist. Der Ablauf des Gutachtens umfasst eine umfassende Beurteilung der psychischen Symptome, der kognitiven Funktionen sowie der Auswirkungen der Krankheitsgeschichte und der Arbeitsbelastung auf die Arbeitsfähigkeit der Probandin.

Im weiteren Verlauf des Gutachtens wird das berufliche Anforderungsprofil eines Wirtschaftsprüferin dargelegt und entsprechende psychologische Fragen gestellt, die im Rahmen des Gutachtens beantwortet werden. Zudem erfolgt eine sorgfältige Auswahl der geeigneten psychologischen Verfahren, gefolgt von der Ausarbeitung des Ergebnisberichts sowie seiner Interpretation. Anschließend wird die Entscheidung zur Berufsunfähigkeit dargelegt. Schließlich werden Maßnahmen abgeleitet, um mögliche Rehabilitationsansätze zu entwickeln und Empfehlungen zur Verbesserung der Situation von Frau A. Müller zu geben.

2 Anforderungsprofil und psychologische Fragen

Im Rahmen dieses Gutachtens wird das Anforderungsprofil für die Position einer Wirtschaftsprüferin detailliert betrachtet. Das Anforderungsprofil ist von zentraler Bedeutung, da es den Ausgangspunkt für die Auswahl der eingesetzten psychologisch-diagnostischen Verfahren bildet (Proyer & Ortner, 2017, S. 44). Zudem dient es als Grundlage für die Interpretation der Ergebnisse und für die Entscheidung im Hinblick auf die Eignung der Probandin, Frau A. Müller, für die Tätigkeit als Wirtschaftsprüferin. Gemäß dem Anforderungsprofil für die Position eines Wirtschaftsprüfers bzw. einer Wirtschaftsprüferin werden umfangreiche Tätigkeiten und Kenntnisse von Fachleuten in diesem Bereich erwartet (WPK, 2023). Zu den Tätigkeiten gehören die Prüfung von Jahresabschlüssen und Buchführungssystemen, die Durchführung von Finanz- und Wirtschaftsprüfungen sowie die Analyse von

Unternehmensdaten und Finanzberichten. Zudem umfasst das Profil die Bewertung von Vermögenswerten und finanziellen Risiken sowie die Erstellung von Prüfungsberichten und Empfehlungen für die Geschäftsführung. In Bezug auf Kenntnisse werden ein fundiertes Verständnis von Rechnungslegungsstandards und -vorschriften, gute Fachkenntnisse im Steuerrecht und -planung, sowie fortgeschrittene Kenntnisse in Wirtschafts- und Unternehmensrecht erwartet. Eine wichtige Komponente des Anforderungsprofils sind die psychologischen Anforderungen, die eine überdurchschnittlich hohe Stressresistenz und Belastbarkeit, ausgeprägte Kommunikations- und Teamfähigkeit sowie die Fähigkeit zur objektiven Beurteilung und Entscheidungsfindung, auch in komplexen Situationen, umfassen. Darüber hinaus werden eine kontinuierliche Lernbereitschaft und hohe Anpassungsfähigkeit an neue rechtliche und branchenspezifische Anforderungen gefordert.

Im folgenden Abschnitt werden die zentralen psychologischen Fragen aufgelistet, die im Rahmen dieses Gutachtens zur Prüfung der Berufsunfähigkeit untersucht werden. Diese Fragen dienen dazu, einen umfassenden Einblick in die Arbeitsfähigkeit und psychische Gesundheit der Probandin zu gewinnen (Krohne et al., 2015, S. 390-391). Die Beantwortung dieser Fragen erfolgt durch die Analyse verschiedener diagnostischer Verfahren sowie durch die Auswertung von Informationen aus dem diagnostischen Gespräch. Die Ergebnisse werden im weiteren Verlauf dieses Gutachtens eingehend betrachtet und interpretiert, um fundierte Schlussfolgerungen zu ziehen und Empfehlungen für die weitere Vorgehensweise abzuleiten.

Psychologische Fragen:

- Wie äußern sich die depressiven Symptome der Probandin und wie ist der Schweregrad der Depression?
- Verfügt die Probandin trotz ihrer Depression über die ausreichende Stressresistenz und Belastbarkeit, die der Beruf der Wirtschaftsprüferin erfordert?
- Verfügt die Probandin über die kognitiven Fähigkeiten die anspruchsvolle Tätigkeit einer Wirtschaftsprüferin erfolgreich auszuüben?
- Ist mit einer Besserung der psychischen Beschwerden auch eine Verbesserung der Arbeitsfähigkeit zu erreichen?
- Kann die Probandin die Arbeitsfähigkeit kurz-, mittel- oder langfristig wieder erreichen?

Im nächsten Schritt werden im Kapitel 3 die ausgewählten psychologischen Verfahren erläutert, die zur Beantwortung dieser Fragen herangezogen werden.

3 Auswahl psychologisch-diagnostischer Verfahren

Die Auswahl der Methoden zur Diagnostik erfolgt aufgrund ihrer Eignung, die spezifischen Fragestellungen des Gutachtens zur Berufsunfähigkeitprüfung von Frau A. Müller zu beantworten und eine umfassende Beurteilung der Arbeitsfähigkeit und psychischen Verfassung der Probandin zu ermöglichen (Proyer & Ortner, 2017, S. 56-57). Der Einsatz des diagnostischen Gesprächs und der Fragebögen wie dem Beck Depressions-Inventar (BDI-II), dem Frankfurter Adaptiver Konzentrationsleistungs-Test (FAKT-II) und dem Wechsler Memory Scale® - Fourth Edition (WMS®-IV) wird nachfolgend erläutert.

- Das diagnostische Gespräch:

Im Rahmen des diagnostischen Gesprächs mit Frau A. Müller werden durch strukturierte Fragen und offene Gesprächsführung relevante Informationen zu ihren Symptomen, dem Verlauf ihrer Krankheit, den Anforderungen ihres Arbeitsumfelds und ihren psychosozialen Hintergründen erhoben (Proyer & Ortner, 2017, S. 85). Die Erfassung qualitativer Aspekte ermöglicht es, spezifische Gesichtspunkte genauer zu erforschen und individuelle Einschränkungen sowie Ressourcen zu identifizieren.

- Beck Depressions-Inventar (BDI-II), Frankfurter Adaptiver Konzentrationsleistungs-Test (FAKT-II) und Wechsler Memory Scale® - Fourth Edition (WMS®-IV):

Diese standardisierten Instrumente ermöglichen eine objektive und quantitative Erfassung von depressiven Symptomen und kognitiven Funktionen. Der Beck Depressions-Inventar (BDI-II) ist ein standardisierter Fragebogen zur Erfassung depressiver Symptome (Beck et al., 1996). Er besteht aus 21 Items, die verschiedene Aspekte der Depression messen, wie beispielsweise Stimmung, körperliche Symptome, Schlafstörungen und Suizidgedanken. Die Probandin gibt anhand von vorgegebenen Antwortkategorien an, inwieweit die einzelnen Aussagen auf sie zutreffen. Zusätzlich wird der Frankfurter Adaptiver Konzentrationsleistungs-Test (FAKT-II) als kognitives Testverfahren angewendet. Der FAKT-II ist ein standardisiertes Verfahren, das die Konzentrationsleistung in verschiedenen Bereichen wie Aufmerksamkeit, Ausdauer und Reaktionsgeschwindigkeit misst (Weis & Nuerk, 2011). Dabei werden Aufgaben gestellt, die unter Zeitdruck gelöst werden müssen, und die Ergebnisse werden in Bezug auf Altersnormen interpretiert. Der FAKT-II wird im Gutachten eingesetzt, um die kognitiven Funktionen der Probandin zu untersuchen, insbesondere in Bezug auf ihre Arbeitsfähigkeit als Wirtschaftsprüferin. Dieser Beruf erfordert komplexe kognitive Fähigkeiten, wie die schnelle Verarbeitung von Informationen und die effiziente Lösung von Aufgaben über längere Zeiträume. Daher ist es wichtig, die Konzentrationsfähigkeit der Probandin in diesen Bereichen zu bewerten. Der FAKT-II bietet eine standardisierte Möglichkeit, die Leistungsfähigkeit der Probandin in relevanten kognitiven Domänen zu messen und damit Aussagen über ihre Arbeitsfähigkeit zu treffen. Zusätzlich wird der Wechsler Memory Scale® - Fourth Edition (WMS®-IV) als Testverfahren zur Messung des Gedächtnisses eingesetzt (Wechsler, 2012). Das heißt, der Test hilft dabei, Gedächtnisprobleme zu identifizieren und zu verstehen. Die 12 Untertests können in fünf Indizes unterteilt werden: Auditives Gedächtnis, Visuelles Gedächtnis, Visuelles Arbeitsgedächtnis, Unmittelbare Wiedergabe und Verzögerter Wiedergabe.

Während der Testungen werden strenge Maßnahmen zur Sicherstellung der Gütekriterien eingehalten. Das Beck Depressions-Inventar (BDI-II) ist ein äußerst zuverlässiges und gültiges Instrument (Herzberg et al., 2008). Die Objektivität sowohl bei der Durchführung als auch bei der Interpretation ist gewährleistet. Es stehen ausreichend detaillierte Informationen zur Verfügung, um die Ergebnisse in einer leicht verständlichen Form zu interpretieren. Die Anweisungen sind standardisiert und die Ausführung erfolgt computerbasiert. Ähnlich wie bei allen Selbstbeurteilungsverfahren kann der BDI-II potenziell durch äußere Einflüsse beeinflusst werden. Obwohl die Verfahrenshinweise keine spezifischen Studien zur Möglichkeit der Verfälschung erwähnen, wird dennoch auf die Möglichkeit hingewiesen, dass Personen versuchen könnten, ihre Symptome zu simulieren oder zu verbergen.

Der Frankfurter Adaptive Konzentrationsleistungs-Test (FAKT-II) wird computerbasiert durchgeführt und die Auswertung erfolgt automatisch, unterstützt durch grafische Darstellungen (Weis & Nuerk, 2011). Die Testadministration erfolgt gemäß den Herstelleranweisungen, und normative Daten werden verwendet, um die individuellen Leistungen der Probanden zu interpretieren. Durch die strikte Einhaltung dieser Qualitätsstandards kann die Vergleichbarkeit der Ergebnisse sichergestellt werden, was eine valide Einschätzung der kognitiven Leistungsfähigkeit ermöglicht. Zu bemerken ist, dass der FAKT-II wenig anfällig für Störungen ist. Jedoch weist das Handbuch darauf hin, dass parallele PC-Prozesse die Echtzeitmessung beeinträchtigen könnten. Zudem könnten die Testergebnisse im unteren Leistungsbereich verfälscht werden, insbesondere wenn der Proband absichtlich schlechte Ergebnisse erzielen möchte.

Der WMS®-IV wird in einem Papier-und-Bleistift-Format durchgeführt und anschließend digital ausgewertet, unter Verwendung normierter Daten (Wechsler, 2012). Die Indexwerte des WMS®-IV zeigen, dass er unabhängig vom Alter der untersuchten Personen, sehr zuverlässig ist. Die verschiedenen Teile des Tests, die verschiedene Aspekte des Gedächtnisses messen, sind miteinander verbunden und zeigen, wie gut sich die Probandin erinnern kann. Durch die standardisierte Durchführung und Auswertung des Tests wird die Genauigkeit und Vergleichbarkeit der Ergebnisse, unabhängig von der Person, die den Test durchführt oder auswertet, sichergestellt.

Das multimethodische Vorgehen erlaubt eine ganzheitliche und fundierte Beurteilung der Arbeitsfähigkeit und psychischen Gesundheit von Frau A. Müller (Proyer & Ortner, 2017, S. 69). Durch die Berücksichtigung von qualitativen und quantitativen Aspekten wird ein umfassendes Bild der individuellen Situation erstellt, das als Grundlage für die Ableitung von Empfehlungen und Maßnahmen zur Verbesserung ihrer Situation dient.

4 Ergebnisbericht

Frau A. Müller unterzog sich am 12.10.2023 ab 11:15 Uhr in der Praxis der Gutachterin K.B. freiwillig und auf Veranlassung der ArbeitsSicherheitPlus AG einer dreistündigen psychologisch-diagnostischen Untersuchung. Im vorliegenden Gutachten werden die Ergebnisse der verschiedenen diagnostischen Verfahren zur Bewertung der psychischen Gesundheit von Frau A. Müller erläutert. Diese Verfahren umfassen eine Verhaltensbeobachtung während des diagnostischen Verfahrens, die Auswertung des psychologisch-diagnostischen Gesprächs, die Bewertung mithilfe des Beck Depressions-Inventars (BDI-II), des Frankfurter Adaptiven Konzentrationsleistungs-Tests (FAKT-II) sowie des Wechsler Memory Scale®-IV (WMS®-IV). Eine Zusammenfassung der Ergebnisse befindet sich am Ende des Kapitels 4. Die Ergebnisse dieser Untersuchungen dienen dazu, einen umfassenden Einblick in Frau A. Müllers psychische Verfassung und ihre kognitiven Fähigkeiten zu gewinnen.

4.1 Verhaltensbeobachtung

Am 12.10.2023 zwischen 11:15 Uhr und 14:15 Uhr zeigte das Verhalten von Frau A. Müller Anzeichen von Müdigkeit, die sich durch häufiges Schließen der Augen und verlangsamte Bewegungen äußerten. Frau A. Müller zeigte während des Gesprächs eine verminderte Fähigkeit, Augenkontakt aufrechtzuerhalten, und ihre Körperhaltung wirkte gelegentlich schlaff. Darüber hinaus zeigte sie Schwierigkeiten bei der Konzentration, was sich darin manifestierte, dass sie häufig den Gesprächsfaden verlor und wiederholt um Klärung von Informationen nachfragen musste. Trotz dieser Symptome war sie während des gesamten Gesprächs freundlich und kooperativ.

4.2 Psychologisch-diagnostisches Gespräch

Im Rahmen des Gutachtens fand ein diagnostisches Gespräch mit Frau A. Müller statt, um Informationen über ihre aktuelle psychische Gesundheit sowie Lebenssituation zu erlangen. Frau A. Müller, 35 Jahre alt und Wirtschaftsprüferin in einem großen Unternehmen, berichtete über ihre Erfahrungen seit der Diagnose einer akuten Leukämie vor einem Jahr. Sie erklärte, dass die Behandlungen bisher gut angeschlagen haben und sie sich immer noch in medizinischer Behandlung befindet. In Bezug auf ihre berufliche Situation äußerte Frau A. Müller Schwierigkeiten, ihre Aufgaben zu bewältigen: „Ich bin oft auf Dienstreisen und die Arbeitsbelastung ist hoch. In letzter Zeit habe ich jedoch Schwierigkeiten, meine Aufgaben zu bewältigen. Meine Konzentration hat abgenommen, und ich bin häufig müde." Sie erwähnte auch depressive Symptome, die seit einem Jahr bestehen würden: „In der letzten Zeit habe ich mich häufig niedergeschlagen gefühlt. Mein Schlaf ist gestört, und ich habe Motivationsprobleme, insbesondere in Bezug auf die Arbeit. Zudem habe ich Schwierigkeiten mit meinem Gedächtnis, meiner Aufmerksamkeit und Konzentration. Ich denke das ist seit circa einem Jahr so." Frau A. Müller ist seit 8 Jahren kinderlos verheiratet und lebt mit ihrem Ehemann in einer Eigentumswohnung. Die Beziehung zu ihrem Mann beschrieb sie als stabil, obwohl es Spannungen aufgrund ihres unsicheren Kinderwunsches geben würde: „Mein Ehemann wünscht sich Kinder, aber aufgrund meiner beruflichen Verpflichtungen und meiner Gesundheitsprobleme bin ich mir unsicher. Das führt oft zu Spannungen zwischen uns." In Bezug auf ihre Eltern berichtete Frau A. Müller von einer guten Beziehung, obwohl ihre Erziehung streng und distanziert gewesen wäre sowie seitens der Eltern besonders großen Wert auf gute Schulnoten gelegt worden wäre. Frau A. Müller hat keine Geschwister und gab an, aufgrund ihrer beruflichen Situation Schwierigkeiten zu haben, Freundschaften zu pflegen: „Ich hatte immer ein, zwei enge Freundinnen an meiner Seite. Dadurch, dass wir aber alle beruflich so eingespannt sind, besteht nicht mehr so viel Kontakt. Leider."

Im Anschluss an das Gespräch wurde Frau A. Müller gebeten, weitere Fragebögen auszufüllen und Gedächtnisaufgaben zu bearbeiten.

4.3 Beck Depressions-Inventar (BDI-II)

Das Beck Depressions-Inventar (BDI-II) dient als standardisiertes Instrument zur Bewertung von depressiven Symptomen (Beck et al., 1996). Im Rahmen der Untersuchung wurde Frau A. Müller mittels des Beck Depressions-Inventars (BDI-II) auf depressive Symptome hin evaluiert. Frau A. Müller erzielte dabei einen Gesamtwert von 27 Punkten, was auf ein signifikantes Ausmaß an depressiven Symptomen hinweist (Zeltzer, 2008). Die Bewertung der BDI-Ergebnisse erfolgte anhand von Vergleichen mit einer Norm-/Referenzstichprobe (Beck et al., 2009). Dabei wurden Prozentränge für depressive Patienten und gesunde Personen herangezogen, um Frau A. Müllers Ergebnis zu kontextualisieren. Ihr Wert liegt deutlich über den Normwerten für gesunde Personen und deutet somit auf das Vorliegen erheblicher depressiver Symptome hin.

Die Punktzahl im BDI-II bietet klare Hinweise zur Stärke der Depression (Zeltzer, 2008):

- 14-19 Punkte: Leichte Depression
- 20-28 Punkte: Mittelschwere Depression
- 29-63 Punkte: Schwere Depression

Mit 27 Punkten im BDI-II liegt Frau A. Müller in einem Bereich, der als mittelschwere Depression eingestuft wird.

4.4 Frankfurter Adaptiven Konzentrationsleistungs-Tests (FAKT-II)

Der FAKT-II ist ein standardisiertes Testverfahren, das die Leistungsfähigkeit in verschiedenen Bereichen wie Aufmerksamkeit, Ausdauer und Reaktionsgeschwindigkeit quantifiziert (Weis & Nuerk, 2011). Der Ergebnisbericht für Frau A. Müller zeigt klare Anzeichen für beeinträchtigte kognitive Funktionen, insbesondere im Bereich der Aufmerksamkeit, des Arbeitsgedächtnisses, der Reaktionsgeschwindigkeit und der Konzentrationsfähigkeit. Diese Beurteilung basiert auf den Ergebnissen des Frankfurter Adaptiven Konzentrationsleistungs-Tests (FAKT II), der Frau A. Müllers kognitive Leistungsfähigkeit gemessen hat (Moosbrugger et al., 2007). Der Ergebnisbericht für Frau A. Müller zeigte klare Anzeichen für beeinträchtigte kognitive Funktionen, insbesondere in den Bereichen Aufmerksamkeit, Arbeitsgedächtnis, Reaktionsgeschwindigkeit und Konzentrationsfähigkeit, basierend auf dem FAKT II. Frau A. Müller zeigte eine unterdurchschnittliche Aufmerksamkeit, Schwierigkeiten im Arbeitsgedächtnis, eingeschränkte Reaktionsgeschwindigkeit und gestörte Konzentrationsfähigkeit, was sich in unregelmäßigen Leistungen über verschiedene Testbereiche darstellte oder in Schwierigkeiten, die Leistung über einen längeren Zeitraum aufrechtzuerhalten. Die Bewertung basierte auf der Norm-/Referenzstichprobe, die Frau A. Müllers Ergebnisse verglich. Der FAKT-II liefert automatisch Prozentrang-Normen, basierend auf aktualisierten Normen von 1996 bis 2003 und einer Normierungsstichprobe von Probanden zwischen 16 und 55 Jahren (Moosbrugger et al., 2007). Diese Informationen ermöglichten eine präzise Einordnung von Frau A. Müllers Testergebnissen im Vergleich zu einer repräsentativen Stichprobe.

Insgesamt liegen die Ergebnisse des Frankfurter Adaptiven Konzentrationsleistungs-Tests (FAKT II) bezüglich Aufmerksamkeit und Konzentration unterhalb der Norm und deuten auf signifikante Beeinträchtigungen der kognitiven Funktionen hin.

4.5 Wechsler Memory Scale®-IV

Der Wechsler Memory Scale® - Fourth Edition (WMS®-IV) ist ein standardisiertes Testverfahren, das zur Beurteilung der Gedächtnisleistung verwendet wird (Wechsler, 2012). Im Zuge der Untersuchung mittels des Wechsler Memory Scale® - Fourth Edition (WMS®-IV) wurden bei Frau A. Müller signifikante Auffälligkeiten in Bezug auf ihre Gedächtnisleistung festgestellt. Die verschiedenen Untertests des WMS®-IV ergaben bei Frau A. Müller deutliche Defizite, insbesondere im auditiven und visuellen Gedächtnis sowie im visuellen Arbeitsgedächtnis. Auch die unmittelbare und verzögerte Wiedergabe von Informationen war unterhalb der Norm, was darauf hindeutet, dass sie Schwierigkeiten hat, Informationen zu erfassen, zu speichern und abzurufen. Die Werte wurden anhand einer Norm-/Referenzstichprobe ermittelt, die verschiedene klinische Subgruppen berücksichtigt und für Geschlecht und Bildung für 14 Altersstufen repräsentativ ist.

Diese Befunde der Wechsler Memory Scale® - Fourth Edition sind unterdurchschnittlich und legen nahe, dass Frau A. Müller erhebliche Einschränkungen in verschiedenen Gedächtnisbereichen aufweist.

4.6 Zusammenfassung der Ergebnisse

In diesem Kapitel werden die Ergebnisse der diagnostischen Verfahren zur psychischen Gesundheit und kognitiven Leistungsfähigkeit von Frau A. Müller zusammengefasst, um einen umfassenden Überblick über die Befunde zu liefern. Die Begutachtung von Frau A. Müller erfolgte am 12.10.2023 im Zeitraum von 11:15 Uhr bis 14:15 Uhr und umfasste folgende Diagnoseverfahren sowie Ergebnisse.

- Psychologisch-diagnostisches Gespräch und Verhaltensbeobachtung

Im Rahmen des psychologisch-diagnostischen Gespräch wurden die nachfolgenden Informationen von Frau A. Müller, einer 35-jährigen Wirtschaftsprüferin, erlangt: Seit acht Jahren in kinderloser Ehe lebend, beschreibt sie ihre Partnerschaft als stabil, obwohl es Unstimmigkeiten aufgrund eines unsicheren Kinderwunsches gäbe und für die Pflege von Freundschaften bliebe wenig Zeit. Aktuell befindet sie sich in fortlaufender Behandlung wegen einer Leukämie-Diagnose. Frau Müller schilderte zudem berufliche Schwierigkeiten, die sich in nachlassender Konzentration und vermehrter Müdigkeit äußern würden, was sich auch in ihrem Verhalten widerspiegelte, wie etwa durch vermehrtes Schließen der Augen und langsamere Bewegungen. Sie erklärte, dass sie seit einem Jahr unter depressiven Symptomen leiden würde. Des Weiteren war eine verminderte Fähigkeit feststellbar, Augenkontakt zu halten, und gelegentlich wirkte ihre Körperhaltung schlaff. Zudem zeigte sie Schwierigkeiten bei der Konzentration, indem sie den Gesprächsfaden häufig verlor und wiederholt um Klärung von Informationen bat.

- Psychologisch-diagnostische Fragebögen

BDI-II - Der Gesamtwert der Testung deutet auf das Vorliegen erheblicher depressiver Symptome. Frau A. Müller liegt in einem Bereich, der als mittelschwere Depression eingestuft wird.

FAKT-II - Die Ergebnisse von Frau A. Müller zeigen klare Anzeichen für beeinträchtigte kognitive Funktionen, insbesondere in den Bereichen Aufmerksamkeit, Arbeitsgedächtnis, Reaktionsgeschwindigkeit und Konzentrationsfähigkeit. Die Befunde zeigen eine unterdurchschnittliche Leistung in diesen Bereichen, was sich in unregelmäßigen Leistungen über verschiedene Testbereiche zeigt.

WMS®-IV - Die Ergebnisse zeigen signifikante Defizite in der Gedächtnisleistung von Frau A. Müller, insbesondere im auditiven und visuellen Gedächtnis sowie im visuellen Arbeitsgedächtnis. Sowohl die unmittelbare als auch die verzögerte Wiedergabe von Informationen liegen unterhalb der Norm, was auf Schwierigkeiten beim Erfassen, Speichern und Abrufen von Informationen hinweist.

Im Weiteren folgen die Stellungnahme und Entscheidung des Gutachtens sowie geeignete Empfehlung der Maßnahmen.

5 Stellungnahme und Entscheidung

In der vorliegenden Stellungnahme zu Frau A. Müller wurden sämtliche relevante Informationen systematisch zusammengetragen und im Hinblick auf die Beantwortung der Fragestellung sorgfältig bewertet. Dabei orientierte sich die Strukturierung an den Anforderungen des vorliegenden Anforderungsprofils einer Wirtschaftsprüferin sowie an den spezifischen psychologischen Fragestellungen (Proyer & Ortner, 2017, S. 167).

Die vorliegenden Befunde aus dem diagnostischen Gespräch, der Verhaltensbeobachtung und der BDI-II-Auswertung legen nahe, dass Frau A. Müller aufgrund einer gegenwärtigen Depression nicht über die erforderliche Stressresistenz und Belastbarkeit für ihren Beruf als Wirtschaftsprüferin verfügt. Während des Gesprächs äußerte sie Schwierigkeiten bei der Bewältigung der hohen Arbeitsbelastung, da Niedergeschlagenheit und Schlafstörungen, die zu anhaltender Müdigkeit führen, die sie im Berufsalltag belasten. Gemäß der aktuellen Version der ICD-11 sind depressive Störungen durch emotionale Schwankungen wie Traurigkeit, ein Gefühl der Leere sowie einen Mangel an Interesse und Antrieb gekennzeichnet, die sich erheblich auf die Funktionsfähigkeit der Betroffenen auswirken (BfArM, 2022). Zusätzlich treten typische Anzeichen einer Depression auch auf vegetativer Ebene auf, wie beispielsweise Schlafstörungen (Vries & Petermann, 2022). Diese Symptome wurden auch durch die Verhaltensbeobachtung von Frau A. Müller bestätigt, in der Anzeichen von Müdigkeit feststellt wurden, die sich durch verlangsamte Bewegungen, häufiges Schließen der Augen und eine schlaffe Körperhaltung zeigten. Zudem deutet die Auswertung des BDI-II auf das Vorliegen erheblicher depressiver Symptome, die als mittelschwere Depression eingestuft wurden. Während des diagnostischen Gesprächs wurde deutlich, dass verschiedene Faktoren möglicherweise zu den depressiven Symptomen beigetragen haben könnten (Vries & Petermann, 2022). Die Persönlichkeit der Betroffenen, die genetische Veranlagungen und damit verbundenen kognitiven Verarbeitungsmuster spielen eine grundlegende Rolle bei der Entwicklung von Depressionen. Für Frau A. Müller könnte, aufgrund fehlender Bewältigungsstrategien, die Diagnose einer akuten Leukämie in Verbindung mit einer hohen Arbeitsbelastung sowie Spannungen im privaten Bereich zu einer depressiven Symptomatik geführt haben. Diese Befunde deuten darauf hin, dass Frau Müller unter signifikanten psychischen Belastungen leidet, die ihre Leistungsfähigkeit beeinträchtigen. Folglich lässt sich feststellen, dass sie derzeit nicht über die erforderliche Stressresistenz und Belastbarkeit verfügt, um die Anforderungen des Berufs einer Wirtschaftsprüferin zu bewältigen.

Depressionen können verschiedene kognitive Funktionen beeinträchtigen, wie Aufmerksamkeit, Gedächtnis, Konzentration und Informationsverarbeitungsgeschwindigkeit, was sich negativ auf ihre berufliche Leistungsfähigkeit auswirken kann (Deutsche Gesellschaft für Psychiatrie, Psychotherapie und Nervenheilkunde & Ärztliches Zentrum für Qualität in der Medizin [ÄZQ], 2017). Daher ist anzunehmen, dass die festgestellten kognitiven Defizite bei Frau A. Müller aufgrund ihrer Depression entstanden sind, insbesondere wenn zuvor keine derartigen Defizite bei ihr auftraten. Demzufolge ist es wichtig, die folgende Interpretation der Ergebnisse aus den Testverfahren zur Messung von Kognition im Kontext der Depression zu betrachten.

Die diagnostischen Befunde aus dem Gespräch, der Verhaltensbeobachtung sowie den FAKT-II und WMS®-IV Testergebnissen deuten darauf hin, dass Frau A. Müller aufgrund signifikanter kognitiver Einschränkungen nicht die erforderlichen psychologischen Anforderungen für ihren Beruf als Wirtschaftsprüferin erfüllt, der es erfordert komplexe Situationen zu erfassen und diese objektiv zu bewerten. Frau A. Müller gab während des Gesprächs an, seit etwa einem Jahr Gedächtnis-,

Aufmerksamkeits- und Konzentrationsprobleme zu haben, was durch Beobachtungen gestützt wurde, die darauf hinweisen, dass sie Schwierigkeiten hatte, den Gesprächsfaden aufrechtzuerhalten und wiederholt um Klärung von Informationen nachfragen musste. Diese Eindrücke wurden durch die Testergebnisse des FAKT-II bestätigt, die klare Anzeichen für beeinträchtigte kognitive Funktionen in den Bereichen Aufmerksamkeit, Arbeitsgedächtnis, Reaktionsgeschwindigkeit und Konzentrationsfähigkeit zeigten. Die Ergebnisse des WMS®-IV zeigten ebenfalls signifikante Defizite in der Gedächtnisleistung von Frau A. Müller, insbesondere im auditiven und visuellen Gedächtnis sowie im visuellen Arbeitsgedächtnis.

Zusammenfassend lassen die Befunde aus den psychologisch-diagnostischen Verfahren darauf schließen, dass Frau A. Müller aufgrund ihrer derzeitigen Depression nicht über die erforderlichen psychologischen Anforderungen verfügt, um die anspruchsvolle Tätigkeit einer Wirtschaftsprüferin erfolgreich auszuüben.

Trotz dieser Ergebnisse besteht die Möglichkeit, dass Frau A. Müller bei einer Verbesserung ihrer depressiven Symptomatik ihre Arbeitsfähigkeit wiedererlangt und möglicherweise in der Lage ist, den beruflichen Anforderungen nachzukommen. Dies könnte mittelfristig eintreten, insbesondere wenn eine angemessene Behandlung ihrer Depression und der damit einhergehenden kognitive Defizite erfolgt.

Aufgrund dessen wird empfohlen, Frau A. Müller vorübergehend als berufsunfähig einzustufen, um ihr die nötige Zeit zur Genesung und zur Durchführung der erforderlichen medizinischen Behandlung zu gewähren. Die vorübergehende Berufsunfähigkeit wird für einen Zeitraum von 12 Monaten ab dem Datum dieses Gutachtens festgelegt.

Es ist wichtig anzumerken, dass das Ziel der vorübergehenden Berufsunfähigkeit von Frau A. Müller darin besteht, ihr die erforderliche Unterstützung und Zeit für eine vollständige Genesung zu ermöglichen. Es wird empfohlen eine erneute Überprüfung ihrer Arbeitsfähigkeit etwa zehn Monate nach Beginn dieser vorübergehenden Berufsunfähigkeit durchzuführen, um den Fortschritt ihrer Behandlung und ihren aktuellen Gesundheitszustand neu zu bewerten. Es ist anzuraten die genaue Überprüfungsfrist im Nachgang individuell festzulegen, unter Berücksichtigung der Fortschritte in der Behandlung und des Gesundheitszustands von Frau A. Müller

6 Empfehlung der Maßnahmen

Aufgrund der vorliegenden Befunde sowie der aktuellen Lebenssituation wird eine psychotherapeutische Behandlung zur Bewältigung der depressiven Symptome von Frau A. Müller empfohlen (dkfz, 2023c). Die Therapie sollte vorzugsweise die kognitive Verhaltenstherapie einschließen, um negative Denkmuster zu erkennen und anzupassen sowie effektive Bewältigungsstrategien zu entwickeln. Dies soll Frau Müller dabei unterstützen, die Herausforderungen im Zusammenhang mit ihrer

Leukämiediagnose und den damit verbundenen psychischen Belastungen zu bewältigen (Amelang & Schmidt-Atzert, 2006, S. 525; Bänninger-Huber, 2014, S. 206). Der psychotherapeutische Prozess sollte darauf abzielen, die Symptome zu minimieren und Frau A. Müller dabei zu unterstützen, ihre Tätigkeit als Wirtschaftsprüferin wieder aufzunehmen (Doering et al., 2007, S. 124-129). Zunächst werden 20 Therapie-Sitzungen mit 1-2 Stunden/Woche zu Beginn und gegen Therapieende 1-2 Stunden/Monat empfohlen. Anschließend sollte der Bedarf für weitere Sitzungen geprüft werden.

Soziale Unterstützung durch Familie, nahestehende Personen und soziale Dienste spielen ebenfalls eine entscheidende Rolle bei der Bewältigung von psychischen Erkrankungen (dkfz, 2023b). Daher wird empfohlen, dass Frau Müller sich aktiv um Unterstützung und Verständnis aus ihrem familiären Umfeld bemüht und offen für mögliche soziale Unterstützungsangebote ist, wie beispielsweise die kostenlosen Angebote des Krebsinformationsdienstes der Krebspatienten und ihre Angehörigen unterstützt, berät und informiert. Zusätzlich könnten Entspannungstechniken wie progressive Muskelentspannung oder Achtsamkeitsübungen hilfreich sein, um Stress abzubauen und das allgemeine Wohlbefinden zu steigern (dkfz, 2023a). Es ist daher ratsam, diese Möglichkeiten im Rahmen der Behandlung zu erwägen und an entsprechenden Kursen teilzunehmen.

Auf der Internetseite des www.krebsinformationsdienst.de finden sich alle wichtigen Informationen zum Krankheitsbild der Leukämie sowie Adressen zu psychosozialen Beratungsstellen und möglichen Angeboten zur Entspannung im Alltag.

Für die Zeit nach dem Jahr der Berufsunfähigkeit wird empfohlen, zunächst die Arbeitszeit und Arbeitsbelastung zu reduzieren, um eine Überlastung zu vermeiden. Die Teilnahme an einem strukturierten Wiedereingliederungsprogramm, das von der ArbeitsSicherheitPlus AG angeboten wird, kann Frau Müller dabei unterstützen, schrittweise wieder in das Berufsleben zurückzukehren und ihre Arbeitsfähigkeit zu stabilisieren.

Abschließend ist zu sagen, dass es von zentraler Bedeutung ist, eine individuell angepasste Behandlung und Unterstützung bereitzustellen, die darauf abzielt, die psychische Gesundheit von Frau A. Müller zu verbessern, ihre Lebensqualität zu steigern und ihre Arbeitsfähigkeit zu fördern. Darüber hinaus ist es das Ziel, Frau A. Müller nach ihrer Genesung dabei zu unterstützen, weiterhin in ihrem Beruf als Wirtschaftsprüferin tätig zu sein.

Literaturverzeichnis

Amelang, M. & Schmidt-Atzert, L. (2006). *Psychologische Diagnostik und Intervention: Mit ... 58 Tabellen ; [mit 3 neuen Anwendungsfeldern]* (4., vollst. überarb. und erw. Aufl.). *Springer-Lehrbuch*. Springer. https://ebookcentral.proquest.com/lib/kxp/detail.action?docID=3066748

Bänninger-Huber, E. (2014). Übertragung und Gegenübertragung in Verhaltenstherapie und Psychoanalyse. *Psychotherapeut, 59*(3), 206–211. https://doi.org/10.1007/s00278-014-1047-3

Beck, A. T., Steer, R. A. & Brown, G. (1996). *PsycTESTS Dataset.* https://doi.org/10.1037/t00742-000

Beck, A. T., Steer, R. A. & Brown, G. (2009). *BDI-II: Beck-Depressions-Inventar Revision* (2. Auflage). Hogrefe. https://www.testzentrale.de/shop/beck-depressions-inventar.html

BfArM. (2022). *ICD-11 Mortalitäts- und Morbiditätsstatistiken (MMS) (Version: 2022-02).* https://icd.who.int/browse11/l-m/en#/http%3a%2f%2fid.who.int%2ficd%2fentity%2f1563440232

Deutsche Gesellschaft für Psychiatrie, Psychotherapie und Nervenheilkunde & Ärztliches Zentrum für Qualität in der Medizin. (2017). *S3-Leitlinie/Nationale VersorgungsLeitlinie Unipolare Depression - Kurzfassung, 2. Auflage.* Deutsche Gesellschaft für Psychiatrie, Psychotherapie und Nervenheilkunde (DGPPN); Bundesärztekammer (BÄK); Kassenärztliche Bundesvereinigung (KBV); Arbeitsgemeinschaft der Wissenschaftlichen Medizinischen Fachgesellschaften (AWMF). https://doi.org/10.6101/AZQ/000366

dkfz. (2023a). *Entspannungstechniken: Gängige verfahren und wo sie angeboten werden.* https://www.krebsinformationsdienst.de/leben/krebs-psyche/psychologische-beratung.php

dkfz. (2023b). *Krebs: Hilfe für Familie, Angehörige und Freunde: Krebsinformationsdienst.* https://www.krebsinformationsdienst.de/leben/krebs-psyche/angehoerige.php

dkfz. (2023c). *Psychotherapie: Wann sie angewendet wird.* https://www.krebsinformationsdienst.de/leben/krebs-psyche/psychologische-beratung.php

Doering, S., Lampe, A., Schüssler, G. & Heuft, G. (2007). *Die psychosomatisch-psychotherapeutische Ambulanz [electronic resource] : Konzepte und klinische Praxis.* https://ebookcentral.proquest.com/lib/badhonnef/detail.action?docID=7028769

Herzberg, P. Y., Goldschmidt, S. & Heinrichs, N. (2008). *BeckDepressions-Inventar: (BDI-II). Revision.* 6/2008. http://www.report-psychologie.de/fileadmin/user_upload/Testrezensionen/TBS-TK_BDI-II.pdf

Krohne, H. W., Hock, M., Hasselhorn, M., Heuer, H. & Schneider, S. (2015). *Psychologische Diagnostik: Grundlagen und Anwendungsfelder* (2nd ed.). Kohlhammer Verlag. https://livivo.idm.oclc.org/login?url=https://ebookcentral.proquest.com/lib/zbmed-ebooks/detail.action?docID=2060859

Moosbrugger, H., Goldhammer, F. & Heyden, M. (2007). *FAKT-II: Frankfurter Adaptiver Konzentrationsleistungs-Test II* (2. Auflage). Huber. https://www.testzentrale.de/shop/frankfurter-adaptiver-konzentrationsleistungs-test-ii-69356.html

Proyer, R. T. & Ortner, T. M. (2017). *Praxis der Psychologischen Gutachtenerstellung: Schritte vom Deckblatt bis zum Anhang* (2., überarbeitete Auflage). *Psychologie : Lehrtexte*. Hogrefe. https://elibrary.hogrefe.com/9783456957555 https://doi.org/10.1024/85755-000

Vries, U. de & Petermann, F. (2022). *Depression im Dorsch Lexikon der Psychologie.* https://dorsch.hogrefe.com/stichwort/depression

Wechsler, D. (2012). *WMS®-IV: Wechsler Memory Scale® – Fourth Edition* (1. Auflage). Hogrefe. https://www.testzentrale.de/shop/wechsler-memory-scaler-fourth-edition.html

Weis, S. & Nuerk, H.-C. (2011). TBS-TK Rezensionen. *Psychologische Rundschau, 62*(2), 139–141. https://doi.org/10.1026/0033-3042/a000063

WPK. (2023). *Wirtschaftsprüfer: Ein attraktiver Beruf im Kernbereich der Wirtschaft.* https://www.wpk.de/fileadmin/documents/Oeffentlichkeit/Publikationen/WPK-Broschuere_Wirtschaftspruefer_Beruf.pdf

Zeltzer, L. (2008). *Beck-Depressions-Inventar (BDI, BDI-II).* https://strokengine.ca/en/assessments/beck-depression-inventory-bdi-bdi-ii/

BEI GRIN MACHT SICH IHR WISSEN BEZAHLT

- Wir veröffentlichen Ihre Hausarbeit,
  Bachelor- und Masterarbeit

- Ihr eigenes eBook und Buch -
  weltweit in allen wichtigen Shops

- Verdienen Sie an jedem Verkauf

Jetzt bei www.GRIN.com hochladen
und kostenlos publizieren